クロミファンブック

クロミのヒミツ

2005年に、マイメロディのライバルキャラとして
デビューしたクロミ。

黒、ドクロ、ちょっと生意気な性格…
サンリオには珍しいキャラクターにも関わらず、
その人気は、2022年度サンリオキャラクター大賞で
ついに3位に選ばれるまでになりました。

なぜクロミはこんなにもたくさんの人に
愛される存在になったのでしょう。

不器用な行動、素直になりたくてもなりきれない。
そんな中でも、自分の信念を持って、不器用なりにも
自分らしく、自分の感情に正直に生きようとする。

そんなクロミの姿が共感され、日本だけに限らず、
世界中のファンから愛されるようになったのです。

本書では、そんな魅力的なクロミのヒミツを、
デビューから今までの軌跡とともに
たくさんご紹介します！

クロミのヒミツ CONTENTS

アタイのことたーくさん
教えちゃうよ！

クロミ💀History

2005年のデビューから今までを振り返る！
懐かしのデザインや、クロミの色々な活動を紹介！

2005
クロミ初の単独のデザイン。子分のバクに乗ってどこに行くのかな？バクも人気があったよ☆

2007
アニメのテイストとは少し違うクロミが登場。ベビークロミは、この年に初めてお披露目されたよ♡

2013
クロミのお顔がど〜んと入った、シンプルだけどインパクト大のデザインシリーズが登場★

2006
デビュー翌年のクロミは、水着でちょっぴりオシャレに♪黒×ビビッドピンクはクロミの定番カラーだったよ。

2008
大人ターゲットのデザイン＆グッズシリーズが登場して、さらに大人のファンも増加！今では定番の黒×淡い紫色のクロミカラーも、この頃誕生したよ。

2015
トレードマークのドクロにリボンをつけた、甘辛テイストのクロミ。ぎゅうぎゅうデザインにはいろんな表情＆ポーズのクロミがいて、ずっと見ていたくなる♡

2005　　*2008*　　*2016*

 2005
- TVアニメ「おねがいマイメロディ」スタート
- クロミのグッズが発売
- サンリオピューロランドのクリスマスパレード「イルミナントクリスマス」でクロミが初登場!

2006
- TVアニメ「おねがいマイメロディ〜くるくるシャッフル!〜」スタート
- サンリオキャラクター大賞で、初登場5位を獲得!
- サンリオ当りくじにクロミが登場!
- サンリオピューロランドでクロミバースデーパーティ初開催!

2007
- TVアニメ「おねがいマイメロディすっきり♪」スタート

 2008
- TVアニメ「おねがいマイメロディきらら☆」スタート

2010
- クロミ5周年

2012
- 土屋アンナ コラボ服販売

2013
- LINEスタンプが発売
- 代官山のマイメロディカフェにて期間限定でクロミメニュー登場!

2015
- クロミ10周年
- 成田空港で開催したマイメロディのハッピーキャラバンにクロミが登場!

 2016
- クロミがデザインされた婚姻届が登場
- Sanrio vivitix HARAJUKUにクロミが1日店長で登場

2016
ハイティーン向けコスメなどに展開されたクロミデザイン。ワンポイントで入った赤色がオシャレ★

2019
パジャマ姿でおねむなクロミにキュン♡お気に入りの「バクのぬいぐるみ」も登場したよ♪

2021
クロミのお耳をポニーテールにしたりツインテールにしたり、アレンジを楽しんだ「ロミアレ」デザイン。いろんな表情のクロミに注目★

2018
スイーツパーラーをイメージした、ネオンカラーがキュートなクロミ。この頃紫色のずきんのクロミも登場するようになり、よりガーリーなイメージに♡

2020
"ツン"と"デレ"の2つのクロミが同時に登場した「ツンデレカフェ」デザイン。KUROMIESのみんなはどっちのクロミが好きかな？

2022
クロミーズ5を登場させたモノトーンの大人なデザイン。今まで登場が少なかったのでとても注目を集めたよ☆

2017　　　　　*2021*　　　　　*2023*

 2017
- サンリオピューロランドでクロミWeek！初開催!
- アリオ各店のフードコートをクロミがジャック!

2018
- サンリオキャラクター大賞で、10位を獲得!

2019
- サンリオキャラクター大賞で、7位を獲得!
- イオンモール座間でクロミクリスマスミニショーが開催!

2020
- サンリオキャラクター大賞で、7位を獲得!
- クロミ15周年
- サンリオ当りくじで、クロミ単独当りくじが登場!

アタイの活躍、すごいだろ？

2021
- 「クロミ」中国検索サイトで急上昇!
- サンリオキャラクター大賞で、5位を獲得!
- Hello Kittty Japan ダイバーシティ東京プラザ店で「クロミのいたずら大作戦」を開催!
- #世界クロミ化計画 始動!
- クロミ公式Twitter、Instagram、YouTube、TikTokが開設
- 初の楽曲「GreedyGreedy」のMVを発表

2022
- サンリオキャラクター大賞で、3位を獲得!
- #世界クロミ化WEEK 開催
- 「WEIBO Account Festival in Tokyo 2022」で人気キャラクター賞を受賞!

2023
- 初のクロミが主役のショートアニメ「KUROMI'S PRETTY JOURNEY」がYouTubeで公開開始!

💜に響くクロミの言葉
1

たまには自分をぎゅっとしてあげる

アタイ毎日頑張ってるからさ、
たまには自分をぎゅっとしてあげるんだ。
疲れてるときも、楽しいときも、
自分とはずっといっしょに過ごすんだもん。
優しくしてあげなきゃね。

Be kind to yourself,
you are enough just the way you are!

Kuromi's Secret 1

クロミのプロフィール

クロミとクロミのおともだちのことを教えちゃうよ！

KUROMI PROFILE

Kuromi

クロミ

自称マイメロディのライバル。
誕生日 10月31日

Character
性格
乱暴者に見えるけれど、
実はとっても
乙女チック!?

Charms
チャームポイント
黒いずきんと
ピンクのどくろ

Hobbies
趣味
日記をつけること。
最近は恋愛小説に
はまっている。

Color
好きな色
黒

Food
好きな食べ物
らっきょう

Weakness
弱点
しっぽを引っ張られたり、
踏まれたりすると
気絶してしまう。

KUROMI FRIENDS

おともだちのプロフィールを紹介します!

朝4時に起きて
新聞配達をする働き者!

性格
がまん強くて、クロミ
に意地悪されても
めげない!

秘密
クロミにつらい仕打ち
をされたときに描きこ
む「バクノート」
がある

バク

Baku

誕生日 2月29日
クロミの子分。14人兄妹の長男。

好きな色
自分のボディカラー。

好きなアイテム
ハンカチ

趣味
人間ウォッチング。
色々なものを観察する
ことが大好き。

特技
半径1km以内の夢のに
おいを嗅ぎ分けて、夢の
持ち主をみつけることが
できる。空を飛べる。

好きな食べ物
黒い音符 ／ たこ焼きとヤキトリ
(串にささった食べ物がお気に入り)

好きな音楽
演歌と歌謡曲

Bako

バコ

バクの妹。14人目に
して生まれたバク家
待望の女の子。

クロミーズ5

クロミがリーダーを務める5人組。
三輪車で爆走する
「ブンブンドライブ」が大好き

ニャンミ

誕生日 2月22日

クロミーズ5サブリーダー。メンバーのなかでいちばん賢い参謀タイプ。その知性でリーダークロミを支える。算数が得意。

好きな食べ物
たいやき。しっぽまでアンコがはいっているのが好き。

好きな色
黒と紫

クロミ

クロミーズ5リーダー。

ワンミ

誕生日 11月1日

クロミーズ5ヒラメンバーその1。犬なので鼻が利く探偵タイプ。鼻を活かして、さがしものを見つけることができる。

好きな食べ物
やきにく。特にカルビ

好きな色
黒と茶色

コンミ

誕生日 8月1日

クロミーズ5ヒラメンバーその2。かくれんぼが得意な隠密タイプ。実は、きれい好きでお掃除が得意。

好きな食べ物
おいなりさん。自分で作ることもできる。

好きな色
黒と白

チュウミ

誕生日 11月18日

クロミーズ5ヒラメンバーその3。逃げ足の速い斥候（スパイ）タイプ。とにかく足がはやい。

好きな食べ物
チーズ。チーズをたっぷり使ったピザも好き。

好きな色
黒とグレー

KUROMI FACES

色々な表情が魅力のクロミ♡
どの表情のクロミがお気に入り？？

ついてきな！

いいだろ！

アタイらしく生きるんだ☆

いらーっくす

イヒヒ。これはヒミツだよ〜

♪ クロミの魅力がいっぱい！ ♪

おねがい マイメロディ
MY MELODY

クロミがデビューしたTVアニメを紹介するよ！

マイメロディ誕生30周年を記念してスタートしたアニメの中でクロミは誕生！アニメの中で、マイペースなマイメロディのライバルとして、怒ったり笑ったり、表情豊かな小悪魔的キャラとして大人から子どもまでみんなを魅了しました！

登場人物 紹介

クロミ
黒いずきんの女の子。魔法のアイテムを持ってマリーランドから逃走してきた。マイメロディをライバルだと思っている。

憧れ
同居
子分
ライバル
仲良し

マイメロディ
赤いずきんをつけたうさぎの女の子。お料理やお掃除が得意。マイペースなので時々まわりとテンポがあわないところも・・・。

バク
クロミといつも一緒に行動している。空を飛べる。「〜ぞな」が口癖

柊さま
歌が憧れている先輩。芸術家肌のクールな天才バイオリニスト。

憧れ
後輩

同居

夢野 歌
中学2年生の女の子。マイメロディの最初の友達に。元気で明るく、音楽部に入っている。

三姉妹

夢野 奏

夢野三姉妹の長女

夢野 琴

夢野三姉妹の末っ子

STORY
マリーランドのお城の反省室に投獄されていたクロミとバクは、ある日、魔法道具のメロティ・ボウとメロディ・キーを盗んで人間界へ脱走！ふたりの逃亡を助けたと疑われたマイメロディは、王さまから、人間界に行ってふたりを捕まえ、人間の夢を守るように命じられる。一方、クロミは、人間界で天才バイオリニスト柊さまと出会い、手を組むことに！！人間に悪夢を見せようとするクロミと、それを止めようとするマイメロディ。大騒ぎの人間界とマリーランドは・・・！！

第23話
カレと踊れたらイイナ！

憧れの柊さまと踊りたくて
クルミ・ヌイという可愛い
女の子の姿に変身したク
ロミが見れる神回。

第42話
楽しい日記が
書けたらイイナ！

クロミノートができたきっ
かけがここに！ノートの1
ページ目を、マイメロが間
違えて破りピアノちゃんの
鼻水を拭ってしまった...。

第19話 ヒーローになれたらイイナ2！

みんなで海に遊びに行く回。クロミのキュートな
水着姿は必見！

第27話
柊サマに
なれたらイイナ！

柊さまがクロミに携帯電
話をプレゼント。柊さま
からの着信にときめくク
ロミがキュート♡

第44話 お城に突入できたらイイナ！

柊さまのためにマリーランドのお城にある「メロディ・
バイオリン」を盗み出そうとするクロミ。助けに来た
バクとクロミーズ5の思いに感動！

第45話
キスできたら
イイナ2！

クロミがロボットに変
身?!ゲームの中でクロ
ミロボットとマイメロディ
ロボットが対決するよ！

17

♥ に響くクロミの言葉
2

しあわせ、おしゃれ、すごいこと、
アタイはぜ～んぶ叶えたい！
理想や目標が高ければ高いほど燃える。
俄然目指したくなるし、挑戦する価値があると思うんだ。

Happiness, style, moxie? I want them all!
Don't stop until you are proud!

Kuromi's Secret 2

クロミのグッズ Collection

サンリオオリジナルグッズ、
コラボレーショングッズ、当りくじを一挙大公開！

SANRIO ORIGINAL GOODS ♥

初登場した2005年の懐かしのグッズから2022年の最新まで、サンリオオリジナルのクロミグッズを紹介するよ♫

2005

2005年クロミグッズ登場!

\ デビューだよ! /

ヌイグルミS

カラビナホルダー

プチタオルバク

シャープ&Bペン

カギツキノート

ウォッチバク

ワレットバク

ダキグルミ

ラインストーンシール

DカトミニSPノートバク

2006

黒×ピンクがポイント!水着姿のクロミもいるよ♡

VトートBAG

リストバンド

ハンドタオルビキニ

マスコットホルダー
ビキニ

ピーチサンダルM

ペンポーチアップリケ

Dカットキーカバー

プチタオルハート

キャリーBAG

このページで紹介した商品は現在販売されておりません。

2007

ベビークロミお披露目！クロミのキュートな七変化♡

ドクロチェリーが
ポイントなのさ☆

マトリョーシカに
なったり、、

海賊になったり、、！

キャップチェリー

ウォッチチェリー

B6SPノートベビー

クリアファイル
マトリョシカ

クリアファイル
パイレーツ

メイド服もキュート♡

Dカトミニポーチチェリー

ポーチLチェリー

マイボトル

ペンポーチメイド

2008

大人向けデザインも登場。黒×紫のクロミカラーも定番に！

PTホルダー
ストハート

ポーチストハート

TシャツMストハート

王冠も似合
うだろ！

ヌイグルミSオウカン

モバイルケースオウカン

ミニバッグハート

デニムWペンポーチBL

マイバックMトランプ

マイボトル500カード

ストラップオウカン

このページで紹介した商品は現在販売されておりません。

2009 黒うさぎスタイルのロミウサデザインが登場！

ポーチツキトートロミウサ

マスコットアクセ
ロミウサ

ヌイグルミSロミウサ

シュシュロミウサ

モバイルケースロミウサ

のび～＆もこもこなペンポーチ

ペンポーチロミウサ

クリアファイルホシ

オリタタミミラーロミウサ

DカットSPノート
ロミウサ

ツウチョウケースロミウサ

2010 手袋に靴下にパンツまで！アパレル雑貨も充実！

オメダチソックス

デコッチャオシールハナ

2コ1メモ クローバー

ウチワ
ボールペン

ワッペンポーチ

ドリーミーワレットL

グンテチャン

プチリュックポーチ

カンイリメモ

お目立ち度MAX！

オメダチオパンツ

22　このページで紹介した商品は現在販売されておりません。

2011 毎日クロミと一緒!

ネイルトケシゴム

キャラキャラメモ

トキメキ
マスコットツキ
シャープペン

ブックリパスケース

トキメキガルマスコットH

オリボンポーチ

ドントワッペンポーチ

モコリンオメダチミラー

トコトコオベンリポーチ

カワユイキンチャク

2012 定番グッズもクロミで揃えちゃおう!

どっちのアタイが好き?!

ハンディケースPU

ペンポーチPU

You all rock!
ステッカーSCR

ランチトートBAGSCR

デザインメモ

プチタオルSCR

マグカップSCR

マルチポケットSCR

23

2013

黒＆白なモノトーンクロミが新鮮！

ツンツンしっぽがたまらないだろ〜

Dリュック

パスケース

モバイルポーチ

キラキラシール

ハンドタオル

Dミラー

アタイになれちゃう♡

フードツキワンピ

2014

Cute＆Coolなスカルリボンコレクション登場！

エトマスコットH ヒツジ

マスコットホルダRED

ウォッチリボン

ミニテサゲリボン

コスメポーチリボン

Coolな黒リボン！

パーカーリボン

プチタオルリボン

ヌイグルミDR

2015

キュートな水玉スカルリボン♡

ヌイグルミGYU2

QポーチGYU2

クッションGYU2

ぎゅうぎゅう！クロミがいっぱい♡

ハンドタオルGYU2

iPhoneケースGTU2

このページで紹介した商品は現在販売されておりません。

2016

赤色がポイントのちょっと大人向けデザインだよ♡

アタイのコスメも登場！

リュックSD

DカットミニショルダSD

マルチスマホカバーSD

マニュキアセットSD

リップグロスSD

ポーチSD

ミラーSD

ニットボウSD

キーホルダーSD

2017

ユニセックスなモチーフも！誰でもクロミと一緒だね！

レースアップの袖がポイント♡

ポーチキュート

リングツキ iPhone7ケース

ハンドクリームキュート

シッポツキ iPhone7ケース

ミミツキパーカーキュート

サイボーグ クロミ登場！

プニプニスクイーズにもなっちゃった！

オテノリドール マホウHW

キャラボーグ

スクイーズマスコット

リップカタペン＆ノート

ボールペン ピョコノル

このページで紹介した商品は現在販売されておりません。

2018

和風やトレンドデザインも!色々なクロミに夢中♡

クロミが干支に
なっちゃった!

マスコットHイノシシ

マスコットHワソウ

ブルゾンパーラー

キャリーBAGパーラー

ミニダルマチャーム

オテノリドールTHW

瞳にハートが
映り込む♡

セルフライトパーラー

iPhone8/7Cパーラー

ミニワレットパーラー

ファーチャーム

2019

モバイル&PCグッズも充実!あのキャラクターにも..!

リュックナイト

イヤホンポーチナイト

マスコットホルダー
OEN

マスコット
Hオウエン

ふわふわもこもこ

ペンケースPBL

オスワリウサドールEST

コードクリップナイト

アタイがケーブルを守る!

バニティポーチナイト

マルチスマホケース チェリー

ケーブルバイトN

ベビチッチ

チムたん

© SEKIGUCHI

このページで紹介した商品は現在販売されておりません。

パステル紫カラーの可愛いクロミが止まらない♡

招きクロミが福を呼ぶ☆

トウキチョキンバコ

ケーブルホルダー PI

クリップツキ
ジトリライト

Dスマホリング

Dカットキーリール

SPカートイリメモ SMK

ツン　　　　　　デレ

ヘアクリップセットTD

チョウチン

ラメイリシールスイーツ

ミニクリップ4Pセット

Kuromi♡

ペンスタンドSMK

スクエアケースイリメモ

スイングマスコットBP

Dタクジョウカシツキ

Dカットポーチナツ

推しごとグッズも
アタイと一緒！

ウチワメガホンSP

フジサクラネツケ

ミニチュアテーブル

ビーチチェアナツ

いちごになっ
ちゃった！

アイタタバッグカオ

コースターケース

プチタオルイチゴ

ミラーイチゴ

おうち時間もクロミと一緒グッズが充実したよ!

黒マスクが cool だろ!

マスクSB

スマホリングリボン

ヌイグルミHRD

ペンライト マスコットHPF

カチューシャメロクロ

オバケガタライト

マスコットヨウカイ

ヘアバンド

Dカットポーチメロクロ

ガマクチポーチエンギ

地雷系テイストのブラックレースに注目♡

リボンクリップメロクロ

映える前髪クリップ

プチタオルメロクロ

トートBAGメロクロ

ヘアクリップ セットロミアレ

マルチケースロミアレ

マスコット ホルダーSB

ケーブルBOXトキメキ

LEDライトトキメキ

ミニラックPKT

フックツキカゴオシ

コットンBOXCK

キーボードカバートキメキ

このページで紹介した商品は現在販売されておりません。

日常アイテムや鑑賞用も！心おどるグッズに癒されて♡

USBハブ

フラワーマスコット

ブローチマスコット
Hハルイロ

ロゼット＆CバッジES

モチネコマスコット

スマートフォンスタンド

デスク周りもクロミづくし！

ダイカット
キーデンタク

プチタオルサクラP

クロミーズ5集合！

チャームキーホルダー5

リングノートCC

カオダイカットハサミ

ヌイグルミサクラP

マルチスタンドCP

2Wポシェットポテ

フェイスガタスタイ

テントヌイグルミカバー

アクキーCP

クリアボトルGYM

Cキーホルダーパチ

Cカードホルダーパチ

デリバリBAGマスコット

Kカタコモノイレ
KOGL

ライトツキアクスタ

アパレル、スキンケア、雑貨、行政、etc

KUROMI × コラボレーション

クロミの勢いが止まらない！可愛い＆かっこいいを兼ね備えたクロミの魅力で、これまで色々なブランドや企業とコラボレーションをしてきました。ここでは、そのグッズや活動の一部を紹介します！

Apparel & Skin Care

クロミと一緒に可愛く綺麗になっちゃおう！クロミはアパレルや美容雑貨やスキンケアブランドで沢山コラボレーションしてきました。その一部を紹介します♪

アベイル

カジュアル＆シューズ アベイルではクロミアイテムが多く発売。2022年10月はアベイルの店内が商品やチラシに店内放送までクロミでいっぱいに！
（掲載している商品は現在販売されておりません。）

ニット

フード付きパーカー

Coolなデザインのシャツも！

シャツ

ドン・キホーテ

ドン・キホーテでは限定発売のクロミグッズが沢山登場！足元からクロミになれちゃうアイテムはいつでも大人気♡
（掲載している商品は販売が終了している場合があります。）

タウンサンダル

スリッパ

タングルティーザー

持ち歩きに便利なブラシカバー付きのコンパクトスタイラーに日本限定のクロミデザインが登場。小悪魔な表情で振り向くクロミが、たまらない可愛さ！

持ち歩きできるからいつでも美髪！

クロミ／スウィートドリーム

OWNDAYS

OWNDAYSからはクロミとのコラボレーションフレームが登場! クロミとバクのイメージをさりげなく落とし込んだ、アクセサリー感覚で使えるデザインで自分史上最高の自分に変身しよう!

(掲載している商品は販売が終了している場合があります。)

ケースとメガネ拭きもクロミデザイン♪♪

#KUROMI 01
キリッとしたクロミの目元をイメージ。

#KUROMI 02
クロミのしっぽモチーフがポイント!

バクモデルも!

#BAKU 01

#BAKU 02

VT
韓国コスメのVTで『マイメロディ』と『クロミ』とのコラボレーションパッケージアイテムが登場! 可愛い二人と一緒に綺麗になれるよ♪♪

(掲載している商品は販売が終了している場合があります。)

マスク

トナーパッド

クレンジングオイル

ビフェスタ

スキンケアブランド・ビフェスタの「ミセラークレンジングシート」から、マイメロディとクロミの限定デザインが登場したよ。使うたびに気分UP♪

(掲載している商品は販売が終了している場合があります。)

汗かきエステ気分

たまには白もいいよね!

人気バスソルト「汗かきエステ気分」とクロミがコラボ♡黒ばかりじゃつまらない! たまには真っ白に染めてやるよ! なんと! 気持ちとろける香りのお風呂に変身しちゃった?!

(掲載している商品は販売が終了している場合があります。)

Sweets & Foods

可愛い&美味しいで気持ちもお腹も満たされる! 大切な人へプレゼントしたり、自分へのご褒美にしたり、可愛いクロミと美味しい食品のコラボレーションです。

サーティワン アイスクリーム

クリスマスもクロミと一緒♡サーティワン アイスクリームから、クリスマスを盛り上げるクロミデザインの商品がたくさん登場したよ!

(掲載している商品は現在販売されておりません。)

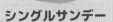
ずきんがチョコになっちゃった!

ダブルカップ

シングルサンデー

クリスマスサンデー

クリスマスツインケーキ

フロレスタ

手作りドーナツ専門店フロレスタでマイメロディとクロミのドーナツが限定販売。カップ入りのコロコロドーナツにはバクも一緒で賑やかに♫

(掲載している商品は現在販売されておりません。)

milk chocolate

Purple sweet potato milk chocolate

クロミドーナツ

クロミコロコロカップ

ハート4Dグミ

見た目にも可愛くてジューシーな3D
＋デリシャス（DELICIOUS）の4Dグ
ミに、まるでフィギュアのようなクロミ
の立体的なグミが登場！

（2023年3月27日発売）

グレープ
ソーダ味

キャラデコのり

のせるだけ！1秒でデコ弁＆デコおにぎり！のキャラデコ
のりにクロミのデザインが登場。いつものお弁当にのせ
るだけで可愛いクロミ弁・クロミおにぎりの完成♪

アタイと一緒ならお弁当
づくりも楽しいだろ！

すかいらーくグループ

すかいらーくグループのレストランで、マイメロディ＆クロミがお子さ
ま向けラッキーセット限定のオリジナルカプセルトイに登場したよ！

（掲載している商品は現在販売されておりません。）

美味しく食べて可愛い
クロミをゲット！

このページに掲載している情報は、2023年2月現在のものです。

33

Toy & Zakka

いつでもどこでもクロミと一緒に毎日楽しく♡おもちゃや雑貨や生活用品など、毎日を楽しく便利に過ごせる様々なグッズとのコラボレーションです。

きゃらぺいっ！

コンビニなどで支払いに使えるキーホルダータイプのミニフィギュア「きゃらぺいっ！」からもクロミが登場。クロミと一緒にお買い物が楽しめる♪

バイスクルトランプ

トランプの王様「バイスクル」とクロミがコラボ！ Coolなクロミデザインで本格的なトランプを楽しんじゃおう♪

一緒に
お買い物

クロミで
お支払い！

FuRyu プライズグッズ

プライズでお馴染みのFuRyuからは色々なクロミのぬいぐるみも登場。毎月新しいクロミのプライズが出ているからチェックしてみて♪

このページに掲載している情報は、2023年2月現在のものです。

サンキューマート

サンキューマートにもクロミ生誕祭を記念してコラボ
商品が登場! ベビーらしい柔らかな色使いで仕上げ
たデザインがポイント。

(掲載している商品は販売が終了している場合があります。)

ポーチ

ブラシ

マルチケース

リカちゃん

大人が楽しめるリカちゃん
のブランド「LiccA」とコラ
ボ! 小悪魔なモチーフのヘッ
ドドレスや衣装。スカートに
はクロミと一緒にマイメロ
ディもいるよ。クロミのしっ
ぽがチャームポイント。

**クロミ
スパイシーブラック
スタイル**

© TOMY

LEC
ウェットティシュケース

LECからはクロミカラー
のウェットティシュケース
が登場。可愛いクロミと
一緒だと毎日の気分も上
がっちゃう♪

LINEスタンプ

クロミがみんなのメッセージ
を届けるよ! キュートなクロ
ミやツンデレなクロミ、どのクロ
ミを使いたい気分かな?

超超超さいこ〜!

ペコ

Interior

クロミのお部屋がホテルや賃貸住宅に登場! クロミが一緒に過ごすみんなを癒します。可愛いクロミに囲まれてリラックスしたり、ここだけの特別な体験を!

RESI STAY THE KYOTO

みんな、アタイに会いに来るんだよ!

京都にクロミのお部屋が?! RESI STAY THE KYOTOにクロミに会えるお部屋が登場! 黒豆ほうじ茶や歯ブラシなど、オリジナルクロミアメニティも盛り沢山。

ゴスロリ
クロミルーム

コズミック
クロミルーム

マイメロディハウス井の頭

クロミがいるお部屋に住める! ハウスメイトが提供するマイメロディハウスにクロミのお部屋が登場。とってもキュートなお部屋で毎日のお部屋時間を楽しめちゃう♪

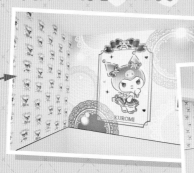

可愛いクロミと一緒に
生活できる眼福な住空間♡

Region & Company

クロミの魅力で行政や企業を応援! 応援大使に就任したり、イメージキャラクターになったり、キュートなクロミがみんなの生活を応援した一部を紹介します。

Tカード

ポイントカードにもクロミが登場! 花とリボンがポイントのクロミのカラーに合わせたデザインのTカード♪ Tカードオリジナルのぬいぐるみも2023年1月に登場!

鹿児島県出水市

鹿児島県内初! 出水市とサンリオがコラボ! 出水市のふるさと納税をマイメロディ&クロミが応援♪日本一のツルの渡来地である出水市オリジナルデザインの、ツルをモチーフにした返礼品が登場。
(ぬいぐるみは現在受付停止中です。)

千葉興業銀行

2022年8月より千葉興業銀行のイメージキャラクターにマイメロディが就任。千葉興業銀行オリジナルキャラクターちばコーギーと一緒にクロミも活躍中!

SelCheck®：検査サービス

自宅で簡単に検査ができるサービス『SelCheck』の中にある子宮頸がん検査キット『パピア』、フレイル・歯周関連リスク検査キット『フレサイン』の応援キャラクターとして活動中!

アタイがいるから安心して!

何度もチャレンジしたくなる♪ハズレなしで全部可愛い！

KUROMI × サンリオ当りくじ

どれが当たっても嬉しいキュートなクロミの当りくじ♡
全国のサンリオショップやコンビニエンスストアなどで開催しているよ！

遊び方

1 お店の人に声をかけてください。

2 くじの代金を払ってください。

3 くじを引いてください。

4 くじ紙に表記してある賞品を受け取ってください。

Special

最後のくじの商品

ラストスペシャル賞

最後のくじを引いた方は「ラストスペシャル賞」という豪華な賞品がもらえます！

2017.09

キュートなヘッドアクセがポイント♡

クッション

マルチケース

ラストスペシャル賞
ハーフケット

キャリーケース

2018.09

マット

たこ焼き器＆ホットプレート

スリッパ

マイメロディとお揃いの水玉リボンがキュート♡

クッション

このページで紹介した商品は現在販売されておりません。

2019.09

レトロ可愛いクロミに
癒される! キャンディ
型リボンがポイント♡

バッグ

グラス

スナックボウル

ポップコーンメーカー

パペット

2020.06

折りたたみ傘

ガーリーなフリルで
ゆめかわデザイン

ミニトート

ドライヤー

ラストスペシャル賞
ティシュボックスカバー

バニティケース

2020.10

クロミ単独当りくじが
登場! リボンたくさん
のキュートなクロミ♡

ライト付きミラー

コーヒーメーカー

ラストスペシャル賞
ロングクッション

ぬいぐるみリュック

ルームソックス

2021.05

マイメロディとクロミの
2柄展開で大満足の
ラインナップ♡

ラストスペシャル賞
クッション

キャリーケース

スリッパ

ぬいぐるみバッグ

ルームボックス

2021.10

おめかし中の
クロミがラブリー♡
ガーリー＆おしゃれな
アイテムがいっぱい☆

ラストスペシャル賞
ぬいぐるみ

卓上加湿器

巾着風トートバッグ

体組成計つき体重計

ポーチ

2022.02

当りくじ初のたれ耳
デザインのクロミや
バク、バコが登場♡

ポップアップトースター

スタンドミラー

マスコット

フリル付きトートバッグ

ラストスペシャル賞
ぬいぐるみ2WAYバッグ

40　このページで紹介した商品は現在販売されておりません。

2022.10

ナイトルーティンで
リラックスする
クロミのデザイン！

マルチケース

巾着

ラストスペシャル賞
抱き枕

アクリル製置き時計

ライト付き加湿器

2023.01

裏面は
クロミノート
デザイン♡

4つのドレスで
おめかししたクロミ
の当りくじが登場！

バッグ

ノート

チーズ＆チョコレート
フォンデュメーカー

ラストスペシャル賞
ボルスタークッション

クロミ当りくじの
情報は、
Twitterをチェック！

@kuromi_project

@sanrioatarikuji

このページで紹介した商品は現在販売されておりません。　41

♥に響くクロミの言葉
3

アタイがアタイを
　いちばん信じてあげなくちゃ

悩んでるときは、
アタイがアタイをいちばん信じてあげなくちゃだけど、
そばに心強い味方がいてくれることも
忘れずにいたいんだ。

Believe in yourself and don't forget
I'll always be by your side.

Kuromi's Secret 3

クロミのいちご新聞 Gallery

クロミが登場したいちご新聞の
表紙とポスターを集めたよ！

表紙&ポスター セレクション

毎月サンリオの最新情報をお届けする「いちご新聞」。サンリオキャラクターのキュートな
表紙とポスターをはじめ、キャラクターやグッズ、イベントなどの情報がいっぱい♡
クロミが登場したいちご新聞の表紙とポスターの一部を紹介します。

What's いちご新聞？

- ♥ サンリオが発行している月刊紙
- ♥ 全国のサンリオショップや一部のコンビニなどで毎月10日発売
- ♥ 220円（税込）

ポスター初登場

いちご新聞458号（2006年4月号）

クロミがデビューした翌年の2006年、クロミがポスターに初登場！ 黒＆ピンク
のクロミカラーと、表情豊かなイラストで、クロミの魅力全開のデザインだよ♡

表紙

Kuromi's Birthday

毎年10月号はクロミのバースデーをお祝い♡
いちご新聞だけのキュートなクロミが表紙を飾ります!

いちご新聞632号（2020年10月号）

いちご新聞620号（2019年10月号）

いちご新聞644号（2021年10月号）

クロミの
いちご新聞
Gallery

こちらに掲載のいちご新聞は、全て販売終了しております。

45

いちご新聞466号（2006年12月号）

クロミたちの街にも楽しいクリスマスが
やってきた！ サンタクロースのような可愛い
お洋服を着たクロミたち。後ろに飛んでい
るのはトナカイじゃなくてバク！ 妹のバコも
一緒にみんなにプレゼントを届けるお手伝
いをしているのかな？

My Melody in Akazukin

いちご新聞557号 （2014年7月号）

サンリオピューロランドで開催されていたアトラクション、「My Melody in Akazukin ～マイメロディの不思議な大冒険～」をテーマにしたポスター。アトラクション内で放映されていたクレイアニメのキャラクターたちがとっても可愛い♡クロミはキュートな魔女に変身したよ！
（「My Melody in Akazukin」のアトラクションは、既に終了しています。）

ポスター

with my Friends

いちご新聞647号（2022年1月号）
クロミ、マイメロディ、ピアノちゃんの、仲良しトリオのポスター。可愛いコスチュームでおめかしした3にんの女の子たちと、甘くて美味しいスイーツモチーフの組み合わせがとってもキュート。

いちご新聞647号（2022年1月号）
クロミとマイメロディの仲良しペアのポスター。ハロウィーンテイストのデザインでとっても可愛い♡

いちご新聞635号（2021年1月号）
クロミ、マイメロディ、ピアノちゃんで仲良くさくらんぼパフェをどうぞ!

いちご新聞629号（2020年7月号）
ベビークロミとベビーマイメロディ。バクもベビーになっているよ☆

いちご新聞632号（2020年10月号）
耳と背中のレースアップがとっても可愛い♡ パステルカラーがとってもガーリー。

いちご新聞644号（2021年10月号）
レースたっぷりのドーリーなお洋服♡ダークな雰囲気がクロミにぴったり!

いちご新聞462号（2006年08月号）

BLACKでクールなクロミとPINKでキュートなマイメロディ。ふたりをイメージしたファッションが可愛いポスター。対照的なふたりの魅力溢れるデザイン♡

　こちらに掲載のいちご新聞は、全て販売終了しております。

カレンダーポスター

CHEEKY BUT CHARMING

KUROMI

いちご新聞472号（2007年06月号）

ちょっぴり生意気、とっても可愛い、クロミのカレンダーポスター。黒&ピンクのクロミカラーに、王冠がとっても似合う♡ アツい仲間のクロミーズ5も揃ったね!

ニャンミ

チュウミ

クロミ

ワンミ

コンミ

心に響くクロミの言葉
4

今日はもうな〜んにも考えないで
明日にむかってパワーチャージしよっ！

The best kind of therapy is beach therapy...

Kuromi's Secret 4

#世界クロミ化計画

アタイと一緒に、なりたい自分になっちゃおうよ！

#世界クロミ化計画

KUROMI

#世界クロミ化計画 とは

世界をクロミと KUROMIES でいっぱいにする計画。
クロミのメッセージを伝えていくことで、
クロミに共感し、みんなが自分に正直に、
なりたい自分でいられる世界を目指します！

#KUROMIFYTHEWORLD

Message from クロミ

なりたい自分を目指して頑張っている子も、勇気がなくて一歩踏み出せない子も、
今の自分に十分満足している子も！
みんなが、他人の目を気にせず、なりたい自分でいられる世界にしていくよ！

ほら、あんたも
なりたい自分になっちゃおうよ！

わたしは、

わたしを超えられる。

これまでの自分に後悔なんてない。

でも、満足してるわけでもない。

いまが最高だし、明日はもっとイケてる！

そう思えたら、

毎日がもっと楽しくなると思うんだ。

誰だって、いくつになったって、
他人の目を気にせず
自分を信じる道を突っ走っていい。
みんながもっと自分を好きになれる
世界に変えるんだ。
ほら、あんたもなりたい自分になっちゃおうよ！
#世界クロミ化計画 進行中！

KUROMI

クロミの魅力をCHECK

SNSも#世界クロミ化計画 進行中！キュートなクロミに癒されたり、前向きな言葉で励ましてもらったり。クロミの魅力あふれる内容をチェックしてみて！

✦ Instagram ✦

クロミの世界に
浸る

クロミが日々
更新中!!日常
やひとりごとを
CHECK!

✦ Twitter ✦

クロミの情報を
知る

クロミのグッズ
やイベントなど
の最新情報は
ここでCHECK!

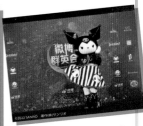

©2023.NAVER Z CORP.

TikTok

クロミのギャップを
体感する

クロミのキュートな
動きや意外な一面
をCHECK！

@kuromi_project

YouTube

クロミの活動を
楽しむ

MVや記念ムービー
などクロミのコンテン
ツをCHECK！

@kuromisanriofficial6829

59

Greedy Greedy

クロミの思いを形にした初の楽曲「Greedy Greedy」。
クロミと一緒になりたい自分になっちゃおう!

Greedy Greedy MV公開!

Greedy Greedy

渋谷の街を歩く
クロミ

渋谷の世界を
クロミ化していくよ!

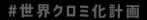
しあわせ、おしゃれ、すごいことぜーんぶ叶えるんだ！

「自分史上で最高の自分に変身ー！」

「自分史上で最高の自分に変身！」

How cool I'm look at me!

＋ Cool! Look at me ＋

「がんばるアタイって 超超超ステキょ〜！」

ほら、アンタもなりたい自分になっちゃおうよ！

Greedy Greedy Lyrics

Greedy Greedy
by KuRoMi

よくばり　いいじゃん
全然いいじゃん
何を一体
気にすんの？

キラキラ　シャドー　ベルベット　クレバー
誰が実際　（Do Do it Do it）
ジャマすんの？

なぐさめ　お電話 イヤイヤイヤイヤ
あくびが出ちゃう　（Yawn Yawn）
めちゃ振り回したい
ついて来れれば　おいで！（Yeah Yeah）

Aww! Cool look at me!
How cool I am, look at me!
「自分史上で最高の自分に　変身！」
Aww! Cool look at me!
How cool I am, look at me!
「がんばるアタイって超超超さいきょ～！

叶えたい　無限大の欲望を
だからDo it now Do it now
愛したい　自分のこともっともっと
だからDo it now Do it now

Gotta go
Greedy greedy go
君は誰なの？
Greedy greedy go
私は私よ
Greedy greedy
We gotta go
私が私を連れてゆくの

世界クロミ化計画
Kuromify the world
世界クロミ化計画
Kuromify the world

Greedy Greedy 目論み（クロミ）笑えば
Dreaming Dreaming　煌めき　光るわ
君なら　わかるわ
夢なら　溢れていいから

Aww! Cool look at me!
How cool I am, look at me!
「しあわせ、おしゃれ、すごいこと
ぜーんぶ叶えるんだ！」
Aww! Cool look at me!
How cool I am, look at me!
「まずはやっぱり自分を信じなきゃ！」

今まで超えてきた　過去and過去
それがWho you are Who you are
伸ばす手　爪の先　光ったもの
それもWho you are Who you are

Gotta go
Greedy greedy go
君は誰なの？
Greedy greedy go
私は私よ
Greedy greedy
We gotta go
私が私を連れてゆくの

KUROMI「Greedy Greedy」
作詞：児玉雨子
作曲・編曲：高慶"CO-K"卓史

JASRAC 出 2300977-301

Greedy Greedy × imase

TikTok総再生回数12億回超のアーティストimaseとコラボレーション!
クロミとimaseの世界が融合して新たな魅力の楽曲に。ミュージックビ
デオは楽曲と連動したリラックス感のあるムービーが最高!

Greedy Greedy 英語版 配信!

英語詞でも前向きでちょっぴり強気な歌詞は変わらず、クロミからの「な
りたい自分になっちゃおう」というメッセージが込められているよ! 英語
版オリジナルのミュージックビデオにも注目!

#世界クロミ化計画
の裏側が見られる!

Instagram 動画投稿キャンペーン

「Greedy Greedy」英語バージョンの楽曲配信を記念して、KUROMIES
がMVに出演できる投稿キャンペーンを開催。配布したARフィルターを
使用してたくさんのKUROMIESたちが参加してくれたよ!

クロミARフィルター

#世界クロミ化計画、始動！

2021年に10月にスタートした#世界クロミ化計画。
POPカルチャーの中心地渋谷で#世界クロミ化計画 始動を宣言！

クロミが渋谷をジャック？！

#世界クロミ化計画 × SHIBUYA109 Autumn Campaign
✦ 11.3 wed. - 11.21 sun. ✦

SHIBUYA109渋谷店が#世界クロミ化計画のプロジェクトに共感！ クロミのような前向きな姿勢で憧れの姿に向かって「自分らしさ」を表現できるイベントを期間限定で開催！

#世界クロミ化計画
はじめるよ♪

渋谷の街がクロミで一色に！

2021.10.31
#世界クロミ化計画

期間限定で、渋谷に合計200枚以上のクロミのポスターが貼り出される！

渋谷の街全体にクロミのビジュアルが登場！ 渋谷スクランブル交差点の街頭ビジョンでは、Greedy GreedyのMVも放映！

#世界クロミ化計画

「#世界クロミ化計画」始動を宣言

SHIBUYA109渋谷店全館を#世界クロミ化計画！エントランスでクロミオブジェがお出迎え！

正面入りロビジョン前でGreedy GreedyのMVが流れたよ！

フォトスポットも登場

POPUP SHOP オープン

#世界クロミ化計画オリジナル商品を販売！

アクリルスタンド

3連アクリルキーホルダー

（掲載している商品は現在販売されておりません。）

SHIBUYA109渋谷店の人気3ブランドから、#世界クロミ化計画とコラボしたキュートなオリジナルアイテムも登場！

Honey Cinnamon

袖レースアップパーカー

セーラージップアップ

Secret Honey

ラッフルセットアップ

GALET'S

トートバッグ

ミニトートバッグ

#世界クロミ化WEEK

2022年に#世界クロミ化計画 1周年＆10月31日にお誕生日を迎えたクロミが、
KUROMIESのために準備した大イベントが開催されたよ！

#世界クロミ化計画 1周年記念動画公開

2021年10月にスタートした#世界クロミ化計画1周年を記念して、この1年間、着々と世界中をクロミ化してきたクロミ＆KUROMIESたちの軌跡をまとめた記念ムービーを公開！

これからのクロミを見逃すな！

アドトラック「#世界クロミ化 WEEK 号」が走行！

約3mのクロミを乗せたトラックが、日本各地を駆け巡る！

過去最大

2022.10.20-10.31

東京（新宿・表参道・渋谷・大阪）、愛知（名古屋・栄）、大阪（心斎橋・梅田）に出現！

⊛ #KUROMIFYTHEWORLD・杭州

10月29日からは、中国の蘇州、杭州でもキュートな#世界クロミ化 WEEK 連動トラックが走行！

© '22 SANRIO 著作 (株)サンリオ

#KUROMIFYTHEWORLD WEEK
#KUROMIFYTHEWORLD
2022.10.20 — 10.31

なりたいキブンに合わせてドリンクとデコレーションアイテムをカスタムできるドリンクスタンドが新宿と心斎橋に登場したよ!

アタイの特製ドリンクで、みんなのキブンをさらに盛り上げちゃうよっ☆

超Happyな甘酸っぱ色キブン!

ピンクレモネード風味

赤い糸で結ばれたい♡きゅん色キブン!

ストロベリー風味

もやもやとんでけ!パワフル色キブン!

パイナップル風味

夢見る乙女の夜空色キブン!

ヨーグルト風味

はじけるパッション!アタイ色キブン!

ピーチ風味

ココロときめくマジカル色キブン!

ブルーハワイレモネード風味

いたずらしちゃえ!おてんば色キブン!

マンゴー風味

おセンチブルーなうるり色キブン!

ブルーハワイヨーグルト風味

クロミTikTokエフェクト配布！

ルーレットでなりたいキブンを提案するよ！ クロミの表情を真似して、一緒になりたいキブンになっちゃおう！

なりたいキブンになろ♡

甘酸っぱ色キブン！

夜空色キブン！

パワフル色キブン

うるり色キブン

ユニバーサル・スタジオ・ジャパンに初登場！

2022年9月8日〜11月6日までのハロウィーン期間中、マイメロディと共に、超ハッピーな笑顔あふれるグリーティングを開催したよ！

(G)I-DLE×クロミ コラボ

韓国の5人組ガールズグループ(G)I-DLEとコラボ！ 東京・大阪のSHIBUYA109で、2022年11月18日〜11月30日までの期間限定で、ポップアップショップが登場したよ！

◀(G)I-DLEのガールクラッシュなイメージにクロミは相性抜群♡クロミの耳には(G)I-DLEのロゴが！

#世界クロミ化計画 in Ginza

2022年11月30日から12月5日に松屋銀座で開催！
クロミの世界に浸れるマジカルスペース♡

クロミグリーティングイベント

スペシャルコスチュームのクロミに会える特別なグリーティングイベントを開催！

超BIGサイズクロミ登場

あんたもなりたい自分になっちゃおうよ！

「#世界クロミ化week」のアドトラックで大好評だった超BIGサイズのクロミが登場したよ☆

クロミ Twitter

クロミのTwitterやファッションテイスト
溢れる沢山のデザインが一気見できる!

デザインパネル

#KUROMIFYTHEWORLD

クロミコレクション

クロミコレクション

フォトスポット

KUROMI

クロミのキュートな世界観に
入れるフォトスポットも登場!

71

#世界クロミ化計画 in ハーモニーランド

2022年10月1日から10月31日までハーモニーランドで「#世界クロミ化計画〜ハーモニーランド をクロミ化しちゃうよ♪ 〜KUROMIfy the world in Harmonyland」を開催したよ!

コンセプトストーリー

始まりはクロミからの電話!!

『アタイ、「#世界クロミ化計画」を進めているんだけど、10月はアタイのバースデーだし、ハーモニーランドでも「#世界クロミ化計画」を進めて、もっともっと「クロミーズ」を増やしたいんだぁ♪ 10月にハーモニーランドでイベントしても良いかなぁ?』

突然のクロミ様からの電話でハーモニーランドはプチパニック!? そして「#世界クロミ化計画〜ハーモニーランド編」開催決定! 「#クロミ化計画」を頑張っているクロミを全力サポート!

ハーモニーランドからクロミへ新しいコスチュームをプレゼント!

フォトスポット

#世界クロミ化計画

KUROMI*

あんたも、なりたい自分になっちゃおうよ!

話題のフォトスポットも登場したよ!

ライブショー&グリーティング

「クロミ」と"クロミーズ"になった「バッドばつ丸」が登場! 「なりたい自分になっちゃおう♪」をテーマに、「クロミ」カラーのファッションにチャレンジして、"クロミーズ"になったよ☆

「POP UP コーナー」OPEN！

園内「キャラクターパレード」にクロミグッズのPOP UPコーナーが
登場したよ！「#クロミ化計画」のオリジナルグッズが大人気♪

ハーモニーランド #クロミ化計画 オリジナルグッズ

缶バッジ

アクリルスタンド

ステッカー

#クロミ化計画 クロミカチューシャ

ぼくも・わたしも・きみも
み〜んなクロミーズ！

**クロミカチューシャ
BIG リボン**

**クロミカチューシャ
PINK**

**クロミカチューシャ
MINI リボン**

**クロミカチューシャ
BLACK**

カチューシャを買うと、
クロミーズフラッグ を
プレゼントしたよ！

（プレゼントは終了しています）

オリジナルメニュー

パンケーキやパスタなど、クロミカ
ラーのスイーツやフードのオリジナ
ルメニューが登場したよ！

パンケーキセット

ツインシュークリーム

パフェ

まっくろコロッケ

黒トマトパスタ

（掲載しているメニューは現在販売されておりません。）

プレミアグリーティング

新コスチュームの「クロミ」に会える、
たっぷり10分間のスペシャルグリー
ティングを開催。グリーティング中に
撮影した写真は、「オリジナルブラン
ケット」になって後日プレゼントしたよ！

他にも...

園内BGMを
ジャック！

スタッフの
クロミ化！

73

#世界クロミ化計画 in World

ワールドワイドKAWAII♡
世界規模でも#世界クロミ化計画を活動中!!

ヨーロッパ

英国 / New Girl Order コラボ

スペイン / Bershka コラボ

スペインのファッション
ブランドBershkaと
コラボ!

イギリスのファッショ
ンブランド New Girl
Orderとコラボ!
（掲載している商品は現在販売
されておりません。）

北南米

米国 / HOT TOPIC コラボ

アメリカの若者に人気のアパレル
ブランドHot Topicとコラボ!
（掲載している商品は現在販売されておりません。）

米国 / YouTube エピソード公開中

米国 / オンラインゲーム Roblox に参上!

人気オンラインゲームRobloxにクロミが参上!

@HelloKittyandFriends

『Hello Kitty and Friends』チャンネ
ルにて、エピソード公開中!

アジア

シンガポール / クロミドローンアート

2022年12月31日に、シンガポールのマリーナ ベイで開催された花火エンターテインメント「STAR ISLAND」でクロミのドローンアートが登場!

©STAR ISLAND

台湾 / スマホケース発売中

台湾のスマホケースブランドDevilcaseでオリジナルデザインのスマホケースが登場! (掲載している商品は現在販売されておりません。)

韓国 / 「10×10」でグッズ発売中!

韓国を代表するデザイン雑貨専門店10X10(テンバイテン)でクロミグッズが登場!
(掲載している商品は現在販売されておりません。)

韓国 / #世界クロミ化 WEEK カフェ

韓国の弘大のsanrio lovers clubで期間限定でクロミメニューが登場!
(掲載している商品は現在販売されておりません。)

このページに掲載している情報は、2023年2月現在のものです。

クロミ新作ショートアニメ配信開始！

ついにクロミがアニメの主役に！ 完全新作ショートアニメ「KUROMI'S PRETTY JOURNEY」が
クロミ公式YouTubeチャンネル・TikTokで公開中！

KUROMI'S PRETTY JOURNEY ってどんなお話？

クロミの行方知れずになっていたお姉ちゃん「ロミナ」を探しに、クロミが世界中を旅する物語。他にも、クロミと一緒に旅する仲間たちや、旅の邪魔をしてくる悪の組織の一味など、新キャラクターが続々登場！ 果たしてクロミは憧れのお姉ちゃんに再会することができるのか？ 自分の気持ちに素直で一生懸命なクロミが、仲間たちと共に旅先で奮闘する姿に注目！

全21話！

ティザー動画公開中

クロミ公式YouTubeチャンネルにて、「KUROMI'S PRETTY JOURNEY」のティザー動画も公開中！ クロミの他に、表情豊かなバクや新キャラクターたちが登場し、クロミの旅の始まりを予感させる内容になっているよ！

@kuromisanrioofficial6829

登場キャラクター

新キャラクターが続々登場！
プロフィールを紹介するよ！

クロミ

乱暴者に見えるけれど、実はとっても乙女チック!?　黒いずきんとピンクのどくろがチャームポイント。趣味は日記をつけること。らっきょうが好き。

バク

クロミの子分。たこ焼き、ヤキトリが好き。演歌と歌謡曲が好き。がまん強くクロミに意地悪なことを言われてもめげない。

ロミナ　初登場

かっこよくてかわいくてミステリアスなクロミの憧れ。クロミが小さいときに行方知れずに。

コリーモ　初登場

クロミベースに居候している。気弱だけど知識が豊富。見た目はコウモリだけど実は・・・。

コオニ　初登場

誰もその正体を知らない謎の赤ちゃん。

グレコ　初登場

クロミの幼馴染。クロミのことをずっと慕っていて妹分的な存在。妄想魔法を使える。

STORY

「KUROMI'S PRETTY JOURNEY」の1話〜3話を少しだけご紹介！
クロミ公式YouTubeチャンネル・TikTokでチェックしてね！

第1話

いつものようにクロミベースで過ごすクロミの元へ突然お姉ちゃんの写真が…。クロミベースを発進させお姉ちゃんを探す旅へいざ出発！

第2話

アイスを食べながらお姉ちゃんとの思い出を振り返るクロミだが、その内容はツッコミどころ満載!?

第3話

お姉ちゃんを探しにパリにやってきたクロミとバク。そこで出会う謎の集団が探していたのは…？

KUROMIESの Kuromi のこんなところが好き!

すごくオシャレが大好きな
かわいい女の子♥

言葉では
表しきれないほど
本当凄い方だと
思います。

クロミ様の
好きなところなんて
いっぱい出てくる、、

かわいくて健気で
執念深いところ

かっこいいのに
性格は可愛くて
こ女な所。
ギャップ萌えだよ〜。

かわいくてまっすぐ!

顔

ドクロ

すべてが好き
愛せないところが
ないレベル

マイメロ好きツンデレこ女

存在がもう尊い
んですよ ...。見た目が
可愛い所はもちろんの
ことだし 自分らしくあ
ろうとする姿勢がとて
も好きです。

全部好きだけど!
なんだかんだ
優しいところがすき

自分に正直なところ

78

黒 白 ピンク

っていうカラーリングも
好き(*´ᴗ`*)

ツンデレ
なところ

自分のこと
あたい
って言うところ

クロミたんの色合い、
お顔、性格 すべてが
ど キュート
ですっ♡♡♡

まつ
げ

目付きとやんちゃな
ところが好き

全部

好きな
食べ物が
らっきょう

純粋が故に騙されやす
い、相手を信じてあげ
られるところ、正直者、
自分の気持ちに素直、
真っ直ぐ、感情豊か、
喜怒哀楽が激しい、一
生懸命、負けず嫌い、
努　力　家

何かと
苦労してるのに
諦めないところ

きゅーとな
小悪魔なところ。

素直で実は純粋で
根っこが良い子なところ

クロミちゃんの
すべてが好き♡お目の形
オメメ おでこのドクロ しっ
ぽ お顔 デザイン色合い 性
格、いろいろな商品 も
う すべてが好き

ツンデレ最高♡♡♡

心に響くクロミの言葉
5

誰かと比べて落ち込んじゃったり、
自分を見失うこともあるけど、
アタイだけがなれる、特別なアタイになりたい！

Being different is your super power
that makes you special!

Kuromi's Secret 5

クロミのデザイナーさんの
ヒミツ

クロミのデザイナーさんに
色々なことを聞いてみたよ！

クロミのデザイナーさんのヒミツ

日々魅力的なクロミを生み出しているデザイナーさんはどんな人なのかな？ デザイナーさんのことやお仕事場所について特別インタビューしました！

なまえ	**りーも**
誕生日	12月30日
血液型	O型
趣味	漫画とアニメ
好きな食べ物	お寿司
特技	利きいちご
夢	世界一周すること！

これまでも、クロミやその他多くのキャラデザインの制作に担当デザイナーとともに携わり、2022年夏にクロミの担当デザイナーを引き継ぐ。現在はクロミの2代目デザイナーとしてクロミの育成に日々奮闘中★

どんな風にお仕事しているの？

りーもさんのデスクを特別公開

ココからクロミが生み出される！お仕事している机を特別公開！

椅子にも
クロミクッション♪

いつもペンタブレットを使って、クロミを描いたりデザインしたりしているよ♪

サイン会で使っているペンはコレ！クロミカラーのペンと金色はサイン会用スペシャルカラー！

1枚ずつ切り離せるマスキングテープは、メモを渡したりするときによく使っているんだって！

クロミ初期のデジタル時計☆ 今では見かけないレアな商品があるのもここならでは♫

お気に入りのアタイのグッズはある？

りーもさんのお気に入りのクロミグッズ

「We are クロミーズ5」シリーズの勝負服マスコットホルダーです。実は、こっそり頭のリボンにカタカナで「クロミ」と入っているのがポイントです♪
コートもスカートもすごくかっこかわいく仕上がったのでとても気に入っています。

クロミのお絵描きチャレンジ

クロミをかわいく描きたい! そんなKUROMIESのみんなのためにデザイナーさんに描き方を教わってきました! さっそくチャレンジしてみよう!

Let's try!

> コツを教えて!

どんな気持ちで描くとクロミが可愛く描けますか?

愛情たっぷりに、とにかく可愛いお顔になるように目鼻口を描くときは特に集中して描いています♪

Kuromi

2023.3.1
Rimo

Sanrio

1

Start!

りんかくを描くよ

おまんじゅうのような、ちょっと下ぶくれの楕円を描きます。基準になるとても大事なところです♪

2

耳を描くよ

耳は頭側の辺が短いダイヤのような形に。耳の先に丸をつけてね!

3

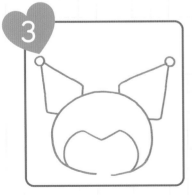

顔の線を描くよ

内側の輪郭はおまんじゅうのやや真ん中に、M字の一番高いところがくるように。

ドクロを描くよ

ドクロはおでこの真ん中に! ドクロの目を少し垂れ目にするのがポイント☆

Keep it up!

顔を描くよ

目 目は釣り上がったおまめ型。二本のまつ毛は上のまつ毛をほんの少し長くして☆

鼻 鼻は横長の楕円を描いてね。大きくならないように注意☆

口 口が開いている時は上唇のあたりが少し丸くなっているのが特徴だよ。

からだを描くよ

襟をつけてあげてね! お腹のライン、足のラインは丸みをつけて。

しっぽを描くよ

先が三角のしっぽをプラス☆

Complete!

デザイナーさんに聞く！
クロミのヒミツ

クロミの人気の秘密や今後の展望などを、クロミがインタビューしました！デザイナーさんの思いが溢れる回答をご覧ください！

Q1

A アタイはどうやって誕生したの？？

クロミはマイメロディ30周年を記念して2005年4月に放送が始まったアニメ「おねがいマイメロディ」にて、初めて登場しました。クロミを作ったのはHELLO KITTYの担当デザイナーである山口裕子さんです。ぶりっこなマイメロディにライバル心があり、マイメロ恨みノートを毎日つけているライバルキャラクターとして誕生しました☆

Q2

アタイの名前の由来を教えて！ A

最初は、ウラミちゃんという名前をつけられたのですが、それはあんまりだということでクロミに変わりました！

Q3

アタイの魅力ってなんだと思う？ A

喜怒哀楽がハッキリしていて表情が豊かなところが魅力だなと思います！自分に正直にいられるってとてもステキですよね。また、失敗も多く、いろんな場面で共感してしまいます。

Q4

アタイって
どんな子？

A

ツンデレな姉御肌！周りを振り回すこともあるけれど、面倒見が良くて仲間想い。だからバクやクロミーズ5のみんなに慕われているのだなと思います。

Q5

アタイと
りーもお姉さんって
似ている部分は
あるかな？

A

似ているところはたくさんあります！夢やなりたい自分に向かって努力しているところや、不器用だから失敗して、それでも頑張って一歩ずつ前に進んでいるところが特に共感できます。あと、負けず嫌いなところも似てるかな☆

Q6

りーもお姉さんは、
アタイの
どんなところが
好き？

A

失敗してもめげない前向きなところや、夢に向かって全力で頑張るところをすごく尊敬しています！

Q7

今まで印象に残っていることや思い出を教えて！

A

2022年12月に開催されたミラクルサイン会に参加したことです！初めてのサイン会だったのですごくドキドキしていたのですが、たくさんのクロミファンのみなさんとお会いできてとても楽しかったです♪

Q8
お気に入りの
アタイのデザイン
を教えて！

A

2022年夏に発売した、「We are クロミーズ5」シリーズの
デザインです！もともとアニメにしか登場していなかった
"クロミーズ5"をどうしても登場させたい！という熱い思い
があったので、実現できて嬉
しかったです。おしゃれ＆クー
ルで使い易いデザインになる
ように意識しました。

Q9
アタイのデザイン
のポイントって
ある？

A

ファンのみなさんはどんなクロミが好きか
な？どんなのが喜んでもらえるかな？と考え
ながら、かわいくて・かっこよくて・おしゃれ
なクロミになるように意識してデザインして
います。ファンのみなさんはどんなクロミが
好きなのか教えていただけたら嬉しいです！

Q10
これからどんな
アタイのグッズを
作ってみたい？？

A

着せ替えできるぬいぐるみや、
クロミのお部屋に置いてあり
そうなクロミ型のインテリア
グッズなどありそうでなかっ
た、もっともっとクロミを身近
に感じられるようなグッズを
作ってみたいです☆

Q11
りーもお姉さんと
アタイでお出かけ
するならどこに
行ってみたい？？

A

クロミと一緒に世界中のいろんな
国をまわってみたいです！おいし
いものを食べたりしながら、クロミ
の魅力を世界中の人に伝えられた
らとっても楽しそう♪

Q12

アタイが色々な世代に人気の理由は何だと思う？

A うまくいくことばかりじゃない。それでも、今のありのままの自分は肯定して、さらに"なりたい自分になっちゃおうよ！"と、なりたい自分、やりたい事にひたむきな姿勢が世代を問わずたくさんのKUROMIESの心を魅了しているのかなと思います。

Q13

アタイの人気が海外でも高い理由は何だと思う？？

A ブラックを基調とした、可愛いだけではなくクールな見た目と、クロミならではの表情豊かなところ、そして、いつでもポジティブで自己肯定できちゃうところに惹かれるのだと思います。

Q14

#世界クロミ化計画始まったね！アタイと一緒に頑張りたいことやチャレンジしたいことを教えて！

A 今よりもっとたくさんの人にクロミの魅力を発信して、日本だけではなく世界中の人にクロミに夢中になっていただけるように頑張りたいです。
そしてクロミの"なりたい自分になる"夢を一緒に応援しようと思います！
まずは、目指せ☆キャラクター大賞1位！！！

Q15

りーもお姉さんからKUROMIESのみんなへ、メッセージをお願い！

A 去年のキャラクター大賞ではたくさんの方に応援していただき、ついにクロミ史上初の3位に輝くことができました！本当にありがとうございました☆
「#世界クロミ化計画」はまだ始まったばかり！これから世界のみんなをKUROMIESにするべく頑張っていきますので、みなさん応援よろしくお願いします！

心に響くクロミの言葉
6

いい顔してるじゃん！
みんなと笑いあえる、それって幸せなことだよね。
こんな毎日が続きますように。

Each day is a little lifetime.
Enjoy every moment and all of them will be precious later!

Kuromi's Secret 6

クロミのコスチューム Collection

サンリオピューロランドとハーモニーランドの コスチュームを見せちゃうよ！

クロミ コスチュームコレクション

in サンリオピューロランド

サンリオピューロランドでのクロミコスチュームを一部ご紹介します♬

サンリオピューロランドは、東京都多摩市にあるたくさんの人気サンリオキャラクターに会えるテーマパークです。

Welcome! SanrioPuroland!

アタイに会いに来てね!

Greeting

キャラグリレジデンスでは、キャラクターとのグリーティングができるよ!クロミにも会えるかも!

Check!

ポップなダンスミュージックにのせてイルミネーションやレーザーが煌めくライブショーとバーチャルの世界が融合した、新感覚エンターテインメントにクロミも出演!

ミステリアスな仮面がオトナだろっ！

Cool!

COSTUME
2019
PURO HALLOWEEN PARTY

COSTUME
2022
ピューロハロウィン

Cute!!!

93

COSTUME ♥
2020
スイーツピューロ

COSTUME ♥
2022
スイーツピューロ
〜どきどき♡ピューロ学園〜

うさぎのリボンがポイント☆

COSTUME ♥
2022
ピューロイースター

Cute!!!

COSTUME
2022
夏ぴゅーろ
～あの夏をもう一度～

ギンガムチェックも
お似合いだろ？！

ドクロ柄がポイント☆

COSTUME
2019
ピューロ夏フェス

COSTUME
2022
ピューロクリスマス

95

COSTUME ♥
Nakayoku Connect

COSTUME ♥
Miracle Gift Parade

お祝いするよ☆

COSTUME ♥
30th Anniversary Parade
Hello, New World
〜虹を、つなごう〜

Anniversary

COSTUME

Rainbow Drops
〜雨と仲間のものがたり〜

ドクロ柄のレインコート

水彩カラーで雨の日もごきげん♪

It's raining!

COSTUME

Rainbow Drops
〜雨と仲間のものがたり〜
レインコートバージョン

クロミ コスチュームコレクション
in サンリオハーモニーランド

サンリオハーモニーランドでのクロミコスチュームを一部ご紹介します♫

サンリオハーモニーランドは
大分県日出町にある屋外型の
サンリオテーマパークです

Welcome! Harmonyland!

Greeting

おでむかえグリーティングでクロミに会えるよ！

Check!

人気キャラクターたちがデザインされたゴンドラがとっ
てもキュート!! クロミゴンドラに乗れるかな？

アタイのアニバーサリーだよ☆

Back Style

COSTUME
クロミ15周年

いらっしゃいませ♡

COSTUME
おもてなしの
キティカフェ

Cute!!!

99

COSTUME ♥
アイドル1

歌も得意だよ！

Kuromi

COSTUME ♥
アイドル2

ハーモニーランドをお祝いするよ☆

COSTUME ♥
30thナイトショー

Back Style

なりたい自分になっちゃおうよ！

COSTUME ♥
#世界クロミ化計画

101

今のクロミは何気分? ちょっぴり懐かしい、でも新しい、ニューレトロなクロミだよ♬ レコード、スマホ、メイク、ペンにゲームも! クロミモチーフのアイテムがたくさんだね!

こたえは
108
ページ

まちがい探し② キュートなお部屋に遊びに来て！

STORY

クロミがキュートなアイテムにたくさん囲まれてお部屋で遊んでいる
よ。クロミのずきんもフリルで可愛いね！ 抱きしめているのはあのお
ともだちのぬいぐるみだね♫

こたえは
108
ページ

まちがい探し❸ おとぎ話の世界へようこそ！

クロミが魔法をかけちゃった! キラキラメルヘンな夢見るおとぎ話の世界へようこそ。ドレスに靴にネックレス、馬車の準備もできたから、お城に行ってみよう! 帰りの時間には気をつけてね☆

こたえは
108
ページ

まちがい探し❶

まちがい探し❷

まちがい探し❸

心に響くクロミの言葉
7

分かってくれる人がいる。

みんなに好かれなくてもいい。
アタイのことわかってくれる人がいる。
それだけで十分だよ！

You can't make everyone like you and that's totally OK.
Good friends care for each other.

KUROMIESのみんなへ

いつも応援サンキュー☆
アタイ、まだまだやりたいことがいっぱいなんだ。
うまくいかないときもあるけど
やりたいことぜ〜んぶやるから、ついてくるんだよ!!
みんなで一緒にこれからも
サイコーに楽しんじゃおう☆

KUROMIESたち!!
アタイもみんなのことを応援していくから、
これからもよろしくたのむよ!!

KUROMI

[監修]	株式会社サンリオ
[制作スタッフ]	Power Design Inc.
	中村敬一、清水さな江、立花めぐみ、松永尚子、三浦泉、國井あゆみ
[撮影]	田口大輔
[編集長]	後藤憲司
[編集]	小村真由

クロミファンブック
クロミのヒミツ

2023年4月1日	初版第1刷発行
2023年5月2日	初版第2刷

[キャラクター著作]	株式会社サンリオ
[発行人]	山口康夫
[発行]	株式会社エムディエヌコーポレーション
	〒101-0051　東京都千代田区神田神保町一丁目105番地
	https://books.MdN.co.jp/
[発売]	株式会社インプレス
	〒101-0051　東京都千代田区神田神保町一丁目105番地
[印刷・製本]	シナノ書籍印刷株式会社

Printed in Japan

著　作　株式会社サンリオ
発行元　株式会社エムディエヌコーポレーション
発売元　株式会社インプレス
FOR SALE IN JAPAN ONLY
この商品の販売地域は日本国内であり、海外にこれを
輸出することは一切認められておりません。
MADE IN JAPAN

Sanrio LICENSE

© 2023 SANRIO CO., LTD. TOKYO, JAPAN (H)

【カスタマーセンター】
造本には万全を期しておりますが、万一、落丁・乱丁などがございましたら、送料小社負担にてお取り替えいたします。お手数ですが、カスタマーセンターまでご返送ください。

【落丁・乱丁本などのご返送先】
〒101-0051
東京都千代田区神田神保町一丁目105番地
株式会社エムディエヌコーポレーション
カスタマーセンター
TEL：03-4334-2915

【内容に関するお問い合わせ先】
info@MdN.co.jp

【書店・販売店のご注文受付】
株式会社インプレス　受注センター
TEL：048-449-8040／FAX：048-449-8041

ISBN978-4-295-20495-4　C0076